BEI GRIN MACHT SICH IHR
WISSEN BEZAHLT

- Wir veröffentlichen Ihre Hausarbeit,
  Bachelor- und Masterarbeit

- Ihr eigenes eBook und Buch -
  weltweit in allen wichtigen Shops

- Verdienen Sie an jedem Verkauf

Jetzt bei www.GRIN.com hochladen und kostenlos publizieren

Bibliografische Information der Deutschen Nationalbibliothek:

Die Deutsche Bibliothek verzeichnet diese Publikation in der Deutschen National-
bibliografie; detaillierte bibliografische Daten sind im Internet über http://dnb.d-
nb.de/ abrufbar.

Impressum:

Copyright © 2019 GRIN Verlag
Druck und Bindung: Books on Demand GmbH, Norderstedt Germany
ISBN: 9783346111784

Dieses Buch bei GRIN:

https://www.grin.com/document/513857

Laurent Kube

Sportanlagen- und Sportstättenmanagement. Wie gelingt die finanzielle Planung und Auslastung?

GRIN Verlag

GRIN - Your knowledge has value

Der GRIN Verlag publiziert seit 1998 wissenschaftliche Arbeiten von Studenten, Hochschullehrern und anderen Akademikern als eBook und gedrucktes Buch. Die Verlagswebsite www.grin.com ist die ideale Plattform zur Veröffentlichung von Hausarbeiten, Abschlussarbeiten, wissenschaftlichen Aufsätzen, Dissertationen und Fachbüchern.

Besuchen Sie uns im Internet:

http://www.grin.com/

http://www.facebook.com/grincom

http://www.twitter.com/grin_com

Deutsche Hochschule für
Prävention und Gesundheitsmanagement

Einsendeaufgabe

Fachmodul: Sportanlagen- und Sportstättenmanagement

Studiengang: Sportökonomie

Name, Vorname: Kube, Laurent

Inhaltsverzeichnis

1   Sportanlagen-und Sportstättenbau

Zunächst werden die Schritte beim Bau einer Sportstätte chronologisch dargestellt und anschließend sowohl in Form eines PLANNET-Diagrammes, eine Abwandlung eines Balkendiagramms, als auch durch die Netzplantechnik, ein Netzdiagramm grafisch dargestellt.

Tab.1: Schritte beim Bau einer Sportstätte

Vorgang/Phase	Zeitbedarf(in Monaten)	Vorgänger	Nachfolger
A Markt- und Bedarfsanalyse	2	-	B,C
B Standortwahl	1	A	D
C Sportverhaltens- und Nutzeranalyse	3	A	D
D Raumprogramm und Funktionsanalyse	1	B,C	E
E Konzeptualisierung mit Kostenschätzung und Betriebskostenanalyse	4	D	F
F Machbarkeit und Finanzierung klären	6	E	G
G Planung und Festlegung der Baudetails	8	F	H
H Realisierung des Baus	14	G	I
I Betrieb der Sporthalle	>12	H	-

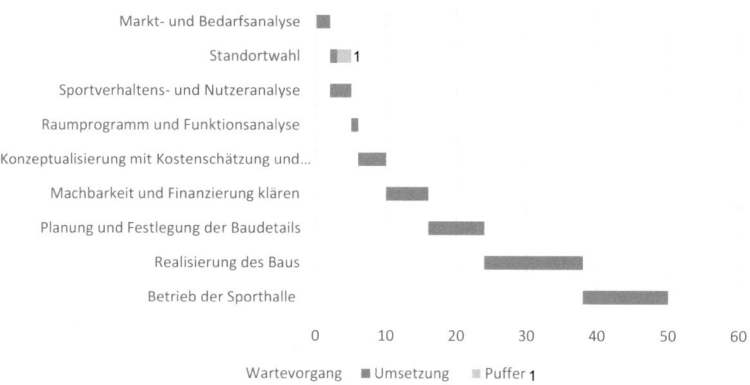

Abb.1: PLANNET-Diagramm

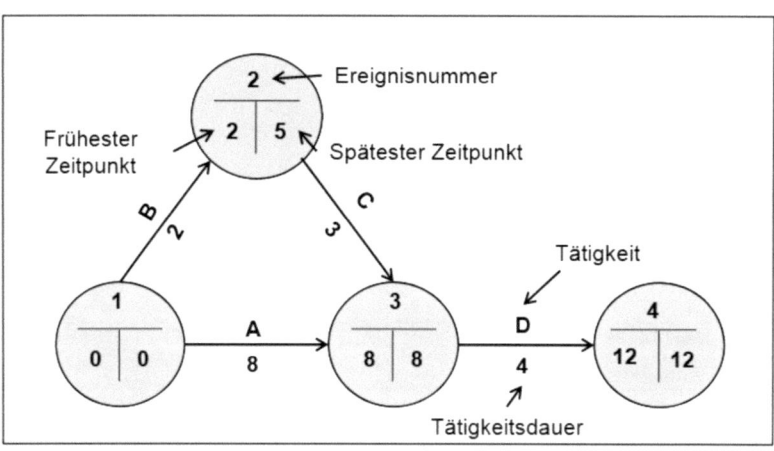

Abb.2: Legende Netzplantechnik

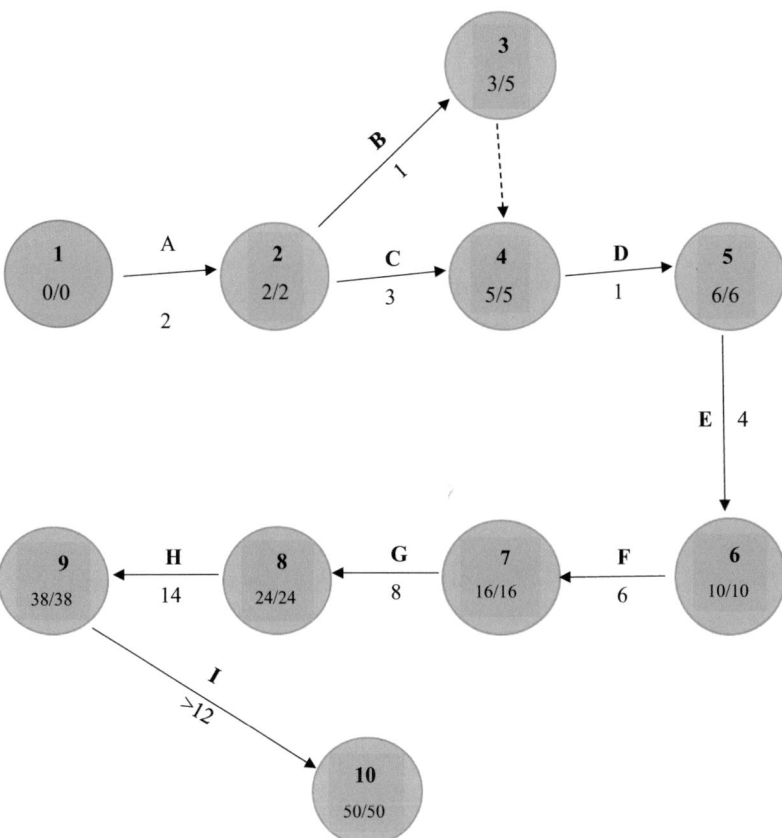

Abb.3: Netzplantechnik für den Sportstättenbau

Aus den Grafiken ist abzuleiten, dass der Betrieb der Sporthalle nach dem 38. Monat frühestens beginnen kann.

2   Kommunale Sportentwicklungsplan

2.1 Grundformel zur Berechnung des Sportstättenbedarfs

Zunächst gilt es die Grundformel zur Berechnung des Sportstättenbedarfs darzustellen:

$$\frac{Sportbedarf \; (Sportler \; x \; H\ddot{a}ufigkeit \; x \; Dauer) \; x \; Zuordnungsfaktor}{Belegungsdichte \; x \; Nutzungsdauer \; x \; Auslastungsfaktor} = Sportst\ddot{a}ttenbedarf$$

Im nächsten Schritt werden die einzelnen Parameter der Formel erklärt:

Der Sportbedarf setzt sich aus drei weiteren Parametern zusammen, den Sportlern, also die absolute Anzahl an Sporttreibenden im Nutzungsbereich, die Häufigkeit, also die Frequentierung im Verlaufe eines Zeitraums (zumeist eine Woche) und aus der Dauer der sportlichen Tätigkeit (zumeist in Stunden oder Minuten dargestellt). Somit ergibt sich der Sportbedarf also die Notwendigkeit von sportlicher Aktivität für den Menschen.

Unter dem Zuordnungsfaktor versteht man, die tatsächliche dem Gelände zuordenbare sportliche Aktivität in Bezug auf den Sportbedarf.

Die Belegungsdichte entspricht der durchschnittlichen Personenzahl, die die Anlage gleichzeitig nutzen. Dies ist von der Nutzungsdauer abzugrenzen, welche lediglich die absolute Dauer der Nutzung auf der Anlage beschreibt. „Für die Nutzungsdauer ist zu beachten, dass hier nur Werte für die in der Woche stattfindende Frequentierung zugrunde gelegt werden: „Zeiten, in denen Sportanlagen am Wochenende für Wettkämpfe genutzt werden, [sollen] nicht in die Nutzungsdauer eingerechnet werden" (Bundesinstitut für Sportwissenschaft, 2000, S. 27).

Der Auslastungsfaktor beschreibt die tatsächliche Auslastung der Anlage. Hier gelten normative Werte als Referenz.

2.2 Berechnung des Sportstättenbedarfs

Die obige Grundformel wird im Folgenden genutzt um sowohl den Sportbedarf als auch den Auslastungsfaktor für die Stadt Mannheim im Bereich des Fußballsports zu errechnen.

Wie bereits aus der Grundformel abzuleiten ist, berechnet sich der Sportbedarf aus den Parametern Sportler, Häufigkeit und Dauer.

Sportler (24000) x Häufigkeit (1,5) x Dauer (1,8) = Sportbedarf (64800)

Folglich beträgt der Sportbedarf 64800.

Um an den Auslastungsfaktor zu gelangen wird die Gleichung umgestellt und die bereits vorhanden Werte eingefügt.

$$\frac{64800 \, x \, 0,5}{25 \, x \, 30 \, x \, Auslastungsfaktor} = 70$$

$$\frac{32400}{750 \, x \, Auslastungsfakor \, (0,62)} = 70$$

Der Auslastungsfaktor beträgt also 0,62.

2.3 Förderinteressenten

Nachfolgend beziehe ich Stellung auf die Aussage: „Während die Bundesregierung ausschließlich den Breitensport fördert, besitzen die Bundesländer und Kommunen lediglich Förderinteressen am Spitzensport."

Hierzu werden vorab die Kompetenzen und die Gesetzgebung für die Bundesregierung, der Bundesländer und der Kommunen erläutert.

Dem Staat liegen grundsätzlich die allgemeine Finanzkompetenz und die Verteilung der Finanzen an die Länder zu. Hier steht insbesondere die gesamtstaatliche Repräsentation im Vordergrund. Hier steht naturgemäß die Förderung des Spitzensports im Vordergrund, da dieser den Staat bei Olympischen Spielen und ähnlichen vertritt und repräsentiert. Für die Bundeskompetenz gibt es keine verfassungsgebotenen Zuständigkeiten des Bundes. Es wird im Einzelfall über spezielle Fördermaßnahmen entschieden. Neuerdings sind diese sehr erfolgsbezogen. Über den Dachverband des deutschen Olympischen Sportbundes werden die Spitzenverbände mit Fördermitteln versorgt.

Laut Gesetzgebung liegen die Gesetzgebungs-, Verwaltungs- und Finanzzuständigkeiten für den gesamten Bereich des Sports grundsätzlich bei den Ländern. Soweit das Grundgesetz keine andere Regelung trifft, liegt die Ausübung der staatlichen Befugnisse und die Erfüllung der staatlichen Aufgaben in den Händen der Länder, dies ist in Artikel 30 Grundgesetz festgelegt. Die Länder fördern speziell den Sportstättenbau, den Schul- und Hochschulsport, die Arbeit der Sportorganisationen im Bereich Breiten- und Leistungssport und den Sport mit besonderen Zielgruppen. Für die Gemeinden ist die wichtigste Kompetenznorm der Artikel 28 Absatz 2 Grundgesetz, der die kommunale Selbstverwaltung gewährleistet und den Rahmen für staatliches Tätigwerden im Sport setzt. (vgl. Deutscher Bundestag, 2008)

Bezieht man diese Gesetzgebung auf die Aussage in Bezug auf die Fördermaßnahmen der Bundesregierung so fällt auf das vor allem der Spitzensport im Förderungsinteresse der Bundesregierung steht und nicht der Breitensport. Somit ist der erste Teil der Aussage faktisch falsch. Der zweite Teil der Aussage, dass Bundesländer und Kommunen lediglich den Spitzensport fördern, trifft nicht vollständig zu. Bundesländer und Kommunen dürfen Fördermittel für den Spitzensport nutzen, ihr Hauptaugenmerk liegt aber eindeutig im Breitensport. Somit trifft die Aussage in ihrer Formulierung nicht zu.

3 Finanzierung und Betrieb von Sportanlagen

3.1 Investition und Finanzierung

Der TV Niederensingen realisierte den Neubau einer Dreifachsporthalle im Jahre 2015. Für diesen Neubau sollen anhand der vorhandenen Daten sowohl der Kapitalwert als auch die Barwerte der Investition für die nächsten fünf Jahre berechnet werden.

Zunächst werden die Barwerte berechnet:

Barwert = Zahlungsbetrag x Abzinsungsfaktor

Um den Zahlungsbetrag zu bestimmen müssen zunächst die Einzahlungsbeträge und die Auszahlungsbeträge für die fünf Jahre berechnet werden.

Jedes Jahr wird einzeln berechnet.

Berechnung Einzahlung Jahr eins:

60000€(Brutto-Mehreinnahmen) – 19% Mehrwertsteuer + 12000€ (Schulsport Entgelt 1000€x12Monate) = 62420,16 € Einzahlungsbetrag im ersten Jahr

In den Folgejahren wird auf die Bruttosumme der Mehreinnahmen jeweils 15% Steigerung eingerechnet. Dieser Betrag wird nun mit der Kapitalverzinsung von 12% über fünf Jahre abgezinst:

Tab.2: Einzahlungsbarwerte

Jahr	Einzahlung	Abzinsung	Barwerte
1	62420,17€	1,12^-1	55732,29
2	69983,19€	1,12^-2	55790,17
3	78680,67€	1,12^-3	56003,35
4	88682,77€	1,12^-4	56359,50
5	100185,19€	1,12^-5	56847,77
Summe			**280733,08**

Die Summe der Barwerte für die Einzahlung ergibt 289733,08.

Für die Auszahlung gilt folgende Berechnung:

100000€(Netto-Instandhaltungskosten) = Auszahlungsbetrag im ersten Jahr

8

In den Folgejahren wird dieser Nettowert um jeweils 3% gesteigert und mit der Kapitalverzinsung von 12% über fünf Jahre abgezinst.

Tab.3: Auszahlungsbarwerte

Jahr	Auszahlung	Abzinsung	Barwerte
1	100000€	$1,12^{-1}$	89285,71
2	103000€	$1,12^{-2}$	82110,97
3	106090€	$1,12^{-3}$	75512,77
4	109272,70€	$1,12^{-4}$	69444,78
5	112550,88€	$1,12^{-5}$	63864,39
Summe			380218,62

Die Summe der Barwerte für die Auszahlung beträgt 380218,62

Der Kapitalwert (K) einer Investition ist die Differenz zwischen allen abgezinsten Ein-
und Auszahlungen (Barwerten).

Für die Kapitalwertberechnung gilt folgende Formel:

K = -Anschaffungsauszahlung + (Summe Barwerte Einzahlungen – Summe Barwerte
Auszahlungen) + Barwert Liquidationserlös

also:

-3000000 + (289733,08 - 380218,62) = -3090485,54 Kapitalwert nach 5 Jahren

3.2 Auslastungsanalyse einer Sportanlage

Unter einer Auslastungsanalyse versteht man den aktuellen Nutzungsumfang einer Anlage mit dem maximalen Nutzungsumfang zu vergleichen, um aussagekräftige Werte
über die Auslastung einer Anlage zu erhalten. Die Auslastungsanalyse ist nach folgenden
Kennzahlen zu bewerten: Ist-Nutzungsdauer, Soll-Nutzungsdauer, Ist-Sportler, Soll-
Sportler, die Auslastung und die Kapazitätsreserve. Diese werden wie folgt berechnet:

Die Ist-Nutzungsdauer ist die Summe aus allen Stunden in tatsächlicher Nutzung(Ist-
Werte) als absoluter Wert.

Montag (1,5 Std.) + Mittwoch (2,5 Std.) + Donnerstag (2 Std.) + Freitag (1 Std.) = 7 Std.

Die Ist-Nutzungsdauer beträgt sieben Stunden.

Die Soll-Nutzungsdauer ist die Summe aus allen Stunden der maximalmöglichen Nutzung (Soll-Werte) als absoluter Wert.

Montag (1,5 Std.) + Dienstag (1,5 Std.) + Mittwoch (2,5 Std.) + Donnerstag (2 Std.) + Freitag (1 Std.) = 8,5 Std.

Die Soll-Nutzungsdauer beträgt also acht Stunden und 30 Minuten.

Der Wert Ist-Sportler ist die Summe aller Nutzer auf der Anlage in einer Woche.

Montag (14) + Mittwoch (15) + Donnerstag (18) + Freitag (5) = 52

Der Ist-Sportlerwert beträgt 52.

Der Wert Soll-Sportler ist die Summe aller vorgegebenen optimalen Belegungswerten.

Montag (12) + Dienstag (15) + Mittwoch (20) + Donnerstag (15) + Freitag (15) = 77

Der Soll-Sportlerwert beträgt 77.

Um die Auslastung zu berechnen muss man die Ist-Sportlerstunden in Relation zu den Soll-Sportlerstunden stellen.

Berechnung Sportlerstunden: Sportler x Std.

Montag (21) + Mittwoch (37,5) + Donnerstag (36) + Freitag (5) = 99,5 Ist-Sportlerstunden

Soll-Sportlersunden:

Montag (18) + Dienstag (22,5) + Mittwoch (50) + Donnerstag (30) + Freitag (15) = 135,5 Soll-Sportlerstunden

Berechnung Auslastung:

Ist-Sportlerstunden (99,5): Soll-Sportlerstunden (135,5) x100 = 73,43 %

Die Auslastung beträgt 73,43%

Kapazitätsreserve:

Die Maximalauslastung für eine Sporthalle liegt bei 85%. Die derzeitige Auslastung beträgt 73,43%. Somit besteht eine Kapazitätsreserve von 11,57% oder auch 15,68 Sportlerstunden in der Woche.

3.3 Auslastungsoptimierung

Die oben berechnete Auslastung gilt es nun zu optimieren, da für Sporthallen eine Soll-Auslastung von 75%-85% erreicht werden sollte. Die Ist-Auslastung beträgt derzeit noch 73,43%.

Die Umstellung sieht wie folgt aus:

Tab.4: Auslastungsoptimierter Zeitplan

Belegungstag	Zeitraum	Sportart	Sportleranzahl
Montag	17:00 – 18:30	Badminton	5
Dienstag	20:00 – 21:30	Handball	14
Mittwoch	19:00 – 21:30	Fußball	18
Donnerstag	20:00 – 22:00	Basketball	15
Freitag	19:00 – 20:00	Keine Belegung	0

Daraus ergibt sich folgende Berechnung:

Montag (7,5) + Dienstag (21) + Mittwoch (45) + Donnerstag (30) = 103,5 Ist-Sportlersunden

Aus der Rechnung Ist-Sportlerstunden (103,5): Soll-Sportlerstunden (135,5) x100 = 76,4%

Somit wird der Soll-Wert von 75%-85% für Sporthallen mit einer Auslastung von 76,4% erreicht.

Diese neue Ist-Auslastung optimiert die vorgeschriebenen Soll-Werte, damit die Halle optimal belegt werden. Je näher die Auslastung den Optimalwert erreicht desto besser für den Betreiber.

3.4 Nachhaltigkeit von Sportstätten

Generell betrachtet gilt für die Nachhaltigkeit folgender Leitspruch: „Nachhaltige Entwicklung ist eine Entwicklung, die den Bedürfnissen der heutigen Generationen entspricht, ohne die Möglichkeit zukünftiger Generationen zu gefährden, ihre eigenen Bedürfnisse zu befrieden" (Kleine und Hauff, 2009, S.7)

Unter der Nachhaltigkeit in Bezug auf Sportanlagen versteht man, dass bereits bei der Planung der Sportanlage an zukünftige Einsatzmöglichkeiten gedacht wird. Die Sportstätte wird für eine langjährige und im Optimalfall vielseitige Nutzung gebaut und sollte nur von wenigen Faktoren abhängig sein. Dies ist vor allem im Bereich der Großveranstaltungen von großer Bedeutung, da hier die Nachhaltigkeit zumeist dem Event weichen muss. Die olympischen Spiele sind eines dieser Events. Hier gilt für die meisten:

Die nachhaltigsten Olympischen Spiele sind die, die gar nicht stattfinden.

Hier gelten die Olympischen Spiele in London 2012 als eines der besten Beispiele. Sie sollten die bisher Nachhaltigsten Spiele überhaupt werden. Schon bei der Bewerbung war dies eines der Hauptkriterien für den Zuschlag. Es gab ein eigens Konzipiertes Nachhaltigkeitskonzept „A blueprint for change" basierend auf fünf Schwerpunkte: Klimawandel, Biodiversität, Abfallentsorgung, soziale Partizipation und gesundes Leben. (vgl. wwf,2016)

Der Plan war es die Stadien aus hauptsächlich wiederverwertbaren Materialien zu bauen und diese ganz oder teilweise wiederzurückzubauen, um sie beispielsweise bei den nächsten Olympischen Spielen wiederverwenden zu können. Diese Maßnahmen wurden aber nur zum Teil wahrgenommen, wie zum Beispiel beim Basketballstadion. Auf der anderen Seite steht ein Schwimmbad welches eine katastrophale Klimabilanz aufweist, da die Maßnahmen Energie effizienter zu nutzen nur mangelhaft wahrgenommen worden sind. Zudem steht die angelegte Infrastruktur unter Kritik, da hier versäumt wurde langfristig zu arbeiten. So wird die Themse teilweise stärker verschmutzt als vor dem Bau.

Alles in allem ist es möglich Grüne Spiele zu veranstalten, aber weder Planung noch Umsetzung sind gut gelöst worden.

Den Gastgebern ist der Ruhm eines Events wichtiger als die Nachhaltigkeit. Dies sieht man beim jüngsten Beispielen, der Fußball WM in Brasilien 2014 und Russland 2018. Die Austragungsländer wollen vor allem durch ihre aufwendigen Bauten imponieren und ihre Größe beweisen. Dies gilt auch für Olympische Spiele. Somit trifft die Aussage, die nachhaltigsten Olympischen Spiele sind die, die gar nicht stattfinden, leider noch zu. Doch der Mensch kann nachhaltige Spiele schaffen, nur dafür muss das gegenseitige wettbieten höher, größer, besser gestoppt werden und die Nachhaltigkeit einen neuen Stellenwert bei den Veranstaltern gelangen.

4 Digitale Vermarktung von Sportanlagen und Sportstätten

Die Digitalisierung nimmt immer mehr Einfluss in unserer Gesellschaft und ist mittlerweile auch bei den Sportstätten angekommen.

Als Innovationmanager für einen Profihandballclub stelle ich Ihnen folgende Möglichkeiten vor:

Tab.5: Digitale Vermarktungsmöglichkeiten

Möglichkeit	Mehrwert Betreiber	Mehrwert Fans	Mehrwert Sponsoren
Digitales Ticketing	-schnellerer und gezielter Verkauf -genaue Standortdaten des Käufers -bessere Vermarktung	-Priority-Zugänge -Loyalty-Programme für Fans -Alternative Zahlungsmöglichkeiten -Virtuelle Sitzplatzwahl	-Mehr Werbefläche -bessere Kontaktaufnahme
Die neue VereinsApp „Freiwurf"	-Zuwachs beim Merchandising -Erhöhung der Serviceleistung -Aktivierung von neuen Sponsoren	-Information rund um den Spieltag/Verein -zugeschnittene Informationen zum Verein und Spieltag -Exklusive Einblicke rund um den Sport	-Maximierung der Sponsorenreichweite -neue Werbefläche -näherer Kundenkontakt
Eyetracker/Augmented Reality	-Vielfältige Daten über Kunden -Entertainmentfaktor erhöhen -„costumers journey" Erfassung	-verbessertes Erlebnis -Statistiken über Spieler/Ball usw. -virtueller Stadionbesuch bei Auswärtsspielen -„point of view der Spieler einnehmen	-Vielfältige Daten über Kunden (wo liegt die Aufmerksamkeit zu welchem Zeitpunkt/gezielte Werbung -„costumers journey" Erfassung
Kostenloses Wlan im Stadion und Umgebung	-Vernetzung mit der Vereinseigenen App -Vernetzung mit ggf. Social Media Plattformen -Neue Aktivierungsmöglichkeiten für Sponsoren	-Parkleitsystem über Wlan-verbindung - Vernetzung mit der Vereinseigenen App	-genaue Kundendaten -ggf. Kundentracking im Internet(evtl. Probleme mit dem Datenschutz) -Analyse des Nutzerverhaltens(costumers journey)

5 Literaturverzeichnis

Bundesinstitut für Sportwissenschaft, 2000, S. 27)

https://www.sportsoziologie.uni-wuppertal.de/fileadmin/sportsoziologie/Muenster/Gesamt_C1.pdf

https://www.bisp.de/SharedDocs/Downloads/Publikationen/sonstige_Publikationen_Ratgeber/P1_06_Kommentar_Leitfaden.pdf?__blob=publicationFile&v=1

https://www.bundestag.de/resource/blob/413502/4d4f0238944a38ffb9aa1817a14e-abf9/WD-10-048-08-pdf-data.pdf (S.4)

Nachhaltige Entwicklung: Grundlagen und Umsetzung –A. Hauff und S. Kleine (2009, S. 7)

https://www.wwf.de/themen-projekte/nachhaltigkeit-der-olympischen-spiele-2012-in-london/

6 Abbildungs- und Tabellenverzeichnis

6.1 Abbildungsverzeichnis

6.2 Tabellenverzeichnis

BEI GRIN MACHT SICH IHR
WISSEN BEZAHLT

- Wir veröffentlichen Ihre Hausarbeit,
  Bachelor- und Masterarbeit

- Ihr eigenes eBook und Buch -
  weltweit in allen wichtigen Shops

- Verdienen Sie an jedem Verkauf

Jetzt bei www.GRIN.com hochladen
und kostenlos publizieren